LE
CHATEAU DE RAY

PENDANT & APRÈS LES CROISADES

LA GUERRE DE DIX ANS

DANS LE PAYS D'AMONT

LUTZELLEBOURG

ENTRE SARREBOURG ET SAVERNE

MONTMÉDY

IMPRIMERIE DE PH. PIERROT.

1880

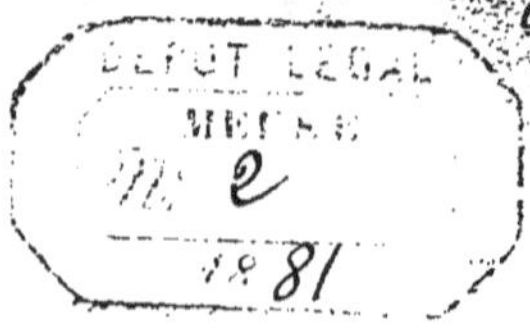

LE
CHATEAU DE RAY

PENDANT & APRÈS LES CROISADES

LA GUERRE DE DIX ANS

DANS LE PAYS D'AMONT

LUTZELLEBOURG

ENTRE SARREBOURG ET SAVERNE

MONTMÉDY

IMPRIMERIE DE PH. PIERROT.

—

1880

A

MONSIEUR LE DUC RAINAL DE MARMIER

Monsieur,

En fouillant dans mes souvenirs de jeunesse, je me vois encore au château de Ray, où monsieur votre grand-père, ami de ma famille et qui avait pour moi une bienveillance extrême, m'avait permis de me présenter, comme et quand bon je le trouverais convenir.

Aussi était-il rare que je ne profitasse pas de cette gracieuse autorisation pour aller passer chaque année, quelques jours au château, à l'époque des grandes chasses.

C'est ici le cas de vous faire connaître à quelle particularité doit sa naissance la petite brochure que je vous envoie.

C'était durant l'automne de 183, un an ou deux après votre naissance ; nous devions aller chasser dans les bois de Vellexon, où Fanfare, le vieux piqueur avait été envoyé dès le matin pour remettre des sangliers ou des loups.*

J'étais déjà guêtré, armé, attendant au salon mes autres compagnons. Je regardais deux portraits qui s'y trouvaient alors (y sont-ils encore) près de la première fenêtre de droite, lorsque survint me cherchant monsieur votre aïeul. « Ah ! Ah ! me dit-il, vous examinez ces deux portraits, vous-ai-je déjà dit quels sont les personnages qu'ils représentent. — Non, répondis-je ; mais leurs costumes m'apprennent qu'ils sont étrangers et ont en tous cas depuis longtemps disparu de ce monde. — Morts, oui, répliqua-t-il, mais étrangers, non ; ce monsieur en panache, est Alexandre de Marmier, l'un de mes ancêtres, et la dame Rose de Ray, qui se sont mariés, à l'époque où la Franche-Comté appartenait encore à l'Espagne, ce qui vous donne la raison de ces costumes qui vous ont frappé. C'est ce mariage qui a fait passer la terre de Ray dans ma famille.

La tradition rapporte que Rose de Ray répondant à l'amour d'Alexandre de Marmier et trouvant dans son mariage avec lui quelques obstacles de la part de son tuteur, Cleriadus de Ray, je crois, dut rejoindre celui qu'elle aimait, en s'échappant d'une des tours du château, dans laquelle, paraît-il, on la surveillait de très-près, ce qui fit qu'à partir de ce jour, la tour en question a pris et conservé le nom de Tour d'amour.

— C'était pas mal hasardé et surtout fort hasardeux, ne pus-je m'empêcher de dire. — Ah ! c'est vrai, me répliqua en souriant monsieur votre grand-père. On connaissait déjà sans doute les proverbes « Qui ne hasarde rien n'a rien et qui veut la fin veut les moyens. » Puis, au moment où nous nous dirigions vers la porte de sortie: « Que pensez-vous, reprit-il, de cette petite histoire ? »

Ce que j'en pense, répondis-je, c'est qu'elle pourrait être le sujet d'une très-jolie ballade. — Ah! je vous y prends, poëte; qualification qu'il me donnait parfois, en souvenir de quelques méchants couplets que j'avais chantés dans nos expéditions cynégétiques, eh bien, il faut nous faire quelque chose là-dessus, continua-t-il, j'y compte pour l'année prochaine. — Soit, répondis-je, j'essaierai, sans toutefois rien vous promettre. »

Ce souvenir m'est resté, comme si l'incident datait d'hier, mais ce qui contribua surtout à le fixer dans ma mémoire, c'est ce qui se passa dans les bois de Vellexon, durant notre chasse, je crois pouvoir le consigner ici.

Nous longions un gaulis, Monsieur votre grand-père avait fait placer à sa droite monsieur le prince de Beauffremont ou peut-être monsieur le marquis de Montendre et m'avait assigné la place de gauche, ce qu'il faisait assez habituellement. A mon tour, j'avais à ma gauche un brave homme, maître fondeur à l'usine de Seveux, bûcheron ou charbonnier, qu'on m'avait dit être un très-habile tireur, prudent, et dont ses voisins n'avaient rien à craindre.

Depuis un quart d'heure nous attendions, lorsque s'élève le cri her loup! her loup! Un instant après, nous voyons mon vieux voisin porter son arme à l'épaule. C'était une espèce de fusil de rempart ou une canardière raccourcie, le coup part et nous voyons également celui qui l'avait tiré, s'affaisser, après avoir fait un ou deux tours sur lui-même. Nous nous empressons d'accourir, et au moment où nous arrivions, le vieux chasseur se relevait en disant en patois : « Ce n'est rien, monsieur le duc, *je n'ai fait qu'une culbute pour rire, mais il y est lui pour tout de bon. »*

Rassurés alors, nous nous engageons dans la broussaille et à trente pas, nous trouvons étendu sur le sol, un grand et superbe loup, ayant trois côtes cassées de chaque côté du corps.

Conséquemment, deux ouvertures, d'où le sang jaillissait à un mètre de distance.

Ne nous expliquant pas ces effroyables blessures, nous revenons près de celui qui les avait faites, occupé à essuyer soigneusement sa canardière. Aux questions qu'on lui adresse, il répond que n'ayant pas de balles pour la circonstance, il avait tout simplement chargé son arme avec la queue d'une de ces petites casseroles en fonte, qu'on voit dans presque toutes les habitations de la campagne.

De ce moment tout nous fut expliqué, le projectile au lieu de pénétrer par la pointe, était entré par le travers, dans le flanc de l'animal.

On rit beaucoup de l'aventure, dont le souvenir s'est peut-être gardé dans la localité. Quant à notre homme, qui ne s'était pas suffisamment prémuni contre le recul de son fusil ainsi chargé, il en a été quitte pour la chute dont je viens de parler et qui est restée sans conséquence ultérieure.

L'année suivante, je revins au château et je donnais lecture à monsieur votre grand-père, de l'épisode relatif à Alexandre de Marmier et à Rose de Ray. « Mais c'est très-bien, me dit-il ; seulement nous ne pouvons en rester là, il nous faut à ce petit tableau, un cadre que vous allez me faire en un tour de main. — Oh! nenni, nenni, m'écriai-je, les matériaux ne nous manqueraient certes pas, mais il faudrait les chercher. Où les trouver ? Puis il y aurait à sculpter, à fouiller ce cadre, pour le rendre digne du sujet qu'il devrait contenir. Ce travail me prendrait peut-être plusieurs années!!

Soit, finis-je par dire, après un moment de réflexion, j'essaierai.

Je me mis à la besogne sans beaucoup de retard, mais comme je ne voulais pas faire une œuvre de fantaisie et d'imagination, à mesure que je marchais, je voyais qu'il me fallait marcher encore. Je fus ainsi obligé de me livrer à des recherches nombreuses, de fouiller Gollut, Rougebief, Rousset, d'interroger les laborieux et infatigables ecclésiastiques auxquels Jonvelle, Jussey, Lavoncourt, doivent l'exhumation de leurs glorieuses annales, les intéressants annuaires de la Haute-Saône, rédigés par les savants messieurs Suchaux; ceux du Doubs, du Jura, puisque j'avais à mettre à contribution toute la Franche-Comté, le Manuel des communes de la Meuse, par le docte Président Jeantin, et bien d'autres documents encore.

Aussi ne me suis-je permis que très-peu ou de légers écarts et tous les principaux événements rapportés par moi et les noms cités, sont-ils ceux que nous a conservés l'histoire.

Une fois lancé, je m'intéressais à mon travail et je le continuais en dépit des obstacles. J'aurais été heureux de l'offrir à celui qui me l'avait demandé, mais les circonstances, les exigences de ma vie de magistrat, m'empêchèrent de retourner à Ray et avant de pouvoir le connaître, monsieur votre grand-père descendait dans la tombe.

Quoi qu'il en soit, le cadre qu'il désirait, a pris insensiblement des dimensions effrayantes et telles qu'elles ont à peu près fait disparaître le sujet qu'elles devaient enfermer, ou qu'elles l'ont repoussé, du centre aux deux extrémités.

Tout d'abord, en apprenant la mort de monsieur votre aïeul, j'avais considéré mon œuvre comme ayant manqué son but et je l'avais mise de côté. J'ai fini par la reprendre, curieux de voir où elle me conduirait et je lui ai consacré quelques moments de loisir dont je ne savais comment disposer. Elle est restée ensuite enfermée dans des cartons pendant nombre d'années. Je me décide à l'en faire sortir aujourd'hui et à vous l'envoyer.

Je vous prie donc, monsieur, de l'accepter, n'eût-elle pour vous que le mérite d'être l'expression du souvenir bien respectueux qui m'est resté de monsieur votre aïeul et un témoignage de ma vive reconnaissance pour toutes les bontés dont j'ai été comblé par vos grands-parents, pendant une huitaine des plus belles années de ma jeunesse.

Je suis, monsieur le duc,
avec les sentiments de la considération la
plus distinguée,

Votre très-humble et très-obéissant
serviteur,

JOLY.

Dampierre, le

LE
CHATEAU DE RAY

PENDANT ET APRÈS LES CROISADES

RAY

—

Toi qui gardes ces lieux, page, archer, lutin, gnome,
Au corselet de fer, au pourpoint rouge ou noir,
Au front grave ou riant, portant béret ou heaume,
Je t'évoque, réponds, quel est ce vieux manoir ?

C'était à l'heure où la brise du soir
Dans le vallon prochain semait son harmonie.
Tout-à-coup apparut du castel le génie,
C'était un page noir.

Quel est ce vieux manoir dont les tours enlacées
Semblent porter aux cieux leurs têtes élancées,
Dis-nous, beau page noir,
Quel est ce vieux manoir ?

Ce vieux manoir… C'est Ray, dont le front jaune
Sous ses dômes ombreux, se mire dans la Saône
C'est Ray, le noble Ray projetant sur les eaux
Son sommet découpé, ses dentelés créneaux ;
C'est lui qui, féodal, dit souvent à la plaine :
Manants prosternez-vous,
Courbez vos fronts à ma voix souveraine,
A genoux, à genoux !
A genoux, ou sinon dans vos calmes vallées,
Mugiront à l'instant mes tonnantes volées.
C'est lui qui maintenant sur les lieux d'alentour

Fait régner son pouvoir protecteur plein d'amour.
Et qui, foulant aux pieds un vain titre de maître,
Un passé vermoulu, leur a dit: Je veux être
Votre ami, votre égal, je n'entends désormais
Etre puissant sur vous que par mes seuls bienfaits.
Voyez mon roc ardu, nul rempart ne l'isole ;
C'est de là que pour tous, l'offrande qui console
       Bientôt s'écoulera.
Et ce cri retentit: soit, on te bénira !
Et lui depuis ce temps, esclave des promesses,
N'imposa plus de frein à ses vastes largesses,
Voulut qu'autour de lui, chaque jour fût compté
Comme un jour de bonheur et de félicité ;
Ne sut plus faire emploi des dons de la fortune
Que pour sécher des pleurs, soulager l'infortune.

       Assez, assez, beau page noir,
       Je connais ce noble manoir.

Et ses nombreux rivaux, en splendeur, en puissance,
S'ils eussent imité sa large bienfaisance,
Comme lui surgiraient, ses rivaux en ce jour,
Entourés comme lui, de respect et d'amour.

Mais non, les insensés, sous le flot populaire,
Ils se sont affaissés, aux éclats du tonnerre,
Ignorant, oublieux que régner sur les cœurs
C'est commander aux temps, aux orages vainqueurs,
C'est quand viendra le jour où se refait un monde
Enchainer le torrent qui déborde et qui gronde.

Loin du noble manoir, sur la Saône penché
La foudre retentit, il n'en fut point touché.
A ses pieds il put voir, semblable au flot qui coule,
Passer sans le heurter la dévorante foule ;
C'est que son maître à lui, bon, généreux, humain,
A l'infortune en pleurs, tendit toujours la main ;
C'est que son maître à lui, touchante providence,
Ne resta jamais sourd au cri de l'indigence,

Qu'il n'insulta jamais, au peuple, à sa douleur,
Aussi quand la vengeance hurla son cri d'horreur,
Rien ne troubla les nuits, le sommeil du vieux comte,
Il n'avait avec elle à régler aucun compte.

Ne saurais-tu complaisant page noir,
Nous dire le passé de ce noble manoir?

Des croisés d'occident les vaillantes bannières
A l'Eurus syrien, ne livraient plus leurs plis
Et de Jérusalem, les créneaux démolis,
Gisaient depuis un mois, couchés sous la poussière.
Godefroi ramenait ses habiles archers,
Le vent enflait des nefs les blanchissantes voiles,
Et la flotte voguait sous un ciel plein d'étoiles,
Livrée aux soins de vigilants nochers,
Sur les flots écumants de la plaine azurée,
Sur les astres brillants de la voûte éthérée,
Bouillon laissait errer son regard tour à tour,
Mer et ciel promettaient un prompt et sûr retour,
Bientôt on allait voir le doux pays de France.
Et pourtant on eût dit qu'une vague souffrance
Etreignait du guerrier le noble et vaillant cœur.
Quel est donc le sujet de sa sombre douleur?
Il demeure pensif, sa mémoire fidèle
Sans effort lui rappelle
Tous les preux chevaliers qui restent après lui
Sur l'infidèle terre
Et qui bientôt, peut être sans appui,
Seront fauchés par le lourd cimeterre,
Sauront-ils protéger, sauront-ils maintenir
Cette œuvre de deux ans, cause de tant de larmes,
Ce prix de tant d'efforts obtenu par ses armes?
Son œil avec effroi, consulte l'avenir.

Pour calmer un instant sa secrète souffrance,
Il appelle vers lui son barde favori,
Le jeune Séquanais, Eberhard d'Ivory.
Chante-moi, lui dit-il, quelques refrains de France,

Peut-être sauront-ils dissiper mes ennuis,
Le beau ciel d'Orient, ses transparentes nuits,
Ont cessé d'exercer sur mon cœur leur empire.
    Peut-être les accords puissants
        De ta magique lyre,
    Rendront-ils le calme à mes sens.

Il dit. Sur le tillac se répand l'allégresse,
La mer veuve d'écueils et ses tranquilles flots,
Laissent un doux loisir aux chefs, aux matelots.
Près du barde chéri, tout accourt, tout s'empresse,
Chacun, des chants aimés, veut recueillir sa part.

    Bientôt au sein de ce mouvant rempart,
Ivory s'est placé, bientôt sa main habile
A communiqué l'être à l'instrument docile.
Sa bouche a modulé ces adieux du départ :

Prêt à voler aux champs de la Syrie,
    Déjà monté sur son noir destrier,
        Ainsi parlait un chevalier
        A sa dame chérie.

    Dois vous quitter, ma noble chatelaine,
    Le voyez bien, sans délai faut partir,
        Déjà l'on entend retentir
        Le clairon dans la plaine.
Si des combats la fortune cruelle
M'interdisait tout espoir de retour,
De votre ami n'oubliez pas l'amour,
A lui songez, songez parfois, ma belle.

Prêt à voler aux champs de la Syrie,
    Déjà monté sur son noir destrier,
        Ainsi parlait un chevalier
        A sa dame chérie.

Je sens déjà, sous ma paupière humide,
En m'éloignant, qu'une larme a roulé,

Mais en vain, l'honneur a parlé
    Dois vous quitter, Elfride.
Si des combats la fortune cruelle
M'interdisait tout espoir de retour,
De votre ami, n'oubliez pas l'amour,
A lui songez, songez toujours, ma belle.

On applaudit; bientôt, sur un rhythme plus doux,
La lyre de nouveau soupire, parle et chante
Et le barde en ces mots dit l'histoire touchante
Du preux Roger d'Eclans et de Berthe de Goux :

    Berthe de Goux était noble, était belle,
    Berthe avait l'âge où se révèle amour,
        Malgré cela, de jour en jour,
Berthe au tyran des cœurs se montrait plus rebelle.
        Vingt preux du plus noble lignage,
        Avaient tenté de l'enflammer,
        Mais en vain, refusant d'aimer,
Berthe disait non, non, liberté, point servage.

    Trois ans durant, se contentant de plaire.
    Berthe avait su garder en paix son cœur,
        Pourtant l'amour resta vainqueur,
Il fallut bien céder, Berthe eut beau faire,
        Roger d'Eclans, au doux langage,
        Parvint enfin à la charmer,
        Et Berthe, en promettant d'aimer,
Sa liberté changea contre tendre servage.

    Berthe jura d'être toujours fidèle,
    Sur sa croix d'or, elle en fit le serment,
    Si je t'aimais moins constamment,
Même après ton trépas, viens te venger, dit-elle.
        Que mon anneau te soit le gage,
        Qu'il soit le garant de ma foi
        Et Roger, Roger, venge-toi,
Si je pouvais jamais oublier doux servage.

Pourtant Bellone, implacable, en furie,
Souffle sa rage au cœur du musulman,
Roger au pays ottoman
Est entraîné, bientôt il part pour la Syrie ;
Mais le sort trahit son courage
Et tandis qu'aux lointains climats,
Le noble preux succombe, hélas,
Berthe songe à tresser nœuds de nouveau servage.

Berthe, on l'assure, allait être infidèle,
Quand un fantôme aux longs voiles de deuil,
De sa porte franchit le seuil.
Ses os claquaient entre eux, il dit marchant vers elle :
Ne reconnais-tu point ce gage,
Cet anneau garant de ta foi ?
Je suis Roger, Berthe suis-moi ;
L'autel est préparé, viens jurer doux servage.

Bien vainement lorsque parut l'aurore,
On attendit Berthe le lendemain ;
Elle était morte et dans sa main
Son anneau se trouvait... Comment ? chacun l'ignore.
Depuis ce jour, sur le rivage,
Où se dresse le vieux manoir,
Son ombre, dit-on, chaque soir,
Vient murmurer : Malheur à qui rompt doux servage !

Déjà depuis longtemps, sur le cristal des flots,
Semant ses perles d'or, brillait la jeune aurore.
Les chants avaient cessé..., qu'on écoutait encore.
Quand tout-à-coup paraît aux yeux des matelots,
Un svelte et grand navire aux voiles frémissantes,
Fendant à l'horizon les vagues écumantes ;
La pointe de son mât, laisse voir arboré,
L'étendard des Chrétiens, leur signe révéré.
Sa proue au sein de la plaine liquide
Trace un profond et mobile sillon
Sur les pas de Bouillon,
Quel est donc le motif si puissant qui le guide ?

Tandis que tous les yeux, sur lui se sont portés,
De son bord un long cri part et se fait entendre:
Sion ! Sion ! Ces mots quatre fois répétés,
Sont un signal connu, c'est le signal d'attendre.

En un instant l'aviron suspendu
    Ne frappe plus Amphitrite en cadence,
Tandis que sur les flots rapidement s'élance
Au devant des croisés le navire attendu,
Frémissant sous le poids d'une troupe empressée.
De celui-ci bientôt apparaît le tillac.
Et sur l'étroite échelle, à sa poupe dressée,
Bientôt aussi paraît Eberhard de Lamac.
    C'est l'écuyer du vaillant comte Eustache.
A le voir, on dirait qu'il a peine à marcher,
Ses pas sont affermis par le bras d'un archer.
Des pleurs silencieux roulent sur sa moustache,
Son front semble courbé sous un puissant souci.
Quel malheur inconnu révèle sa présence ?
Triste, morne, abattu, vers Bouillon il s'avance,
On l'invite à s'asseoir... puis il s'exprime ainsi :

Seigneur, il vous souvient de ce jour où victime
De son fatal orgueil le peuple de Solime
Et son chef éperdu, fuyant de toutes parts,
Vous laissaient maître enfin de leurs croulants rem-
De ce jour où vaincu, l'étendard du Prophète, [parts,]
Sur les murs de Sion faisait place à la croix,
Où de la Renommée, à l'éclatante voix,
Les cent bouches partout, chantaient votre conquête,
Et jusqu'aux lieux sans noms célébraient vos exploits.
Qui l'eût dit que ce jour où triomphaient vos armes
Serait sitôt suivi de désastres, de larmes,
Et que les bords lointains de l'immense univers
Sauraient en même temps vos succès, nos revers ?
Hélas ! pourquoi faut-il que l'aveugle Fortune
Ou le Destin jaloux l'ait ainsi décrété ?
Ce souvenir, Seigneur, m'obsède et m'importune
Pardonnez à mes pleurs... Oui, si j'ai bien compté,

Quinze jours avaient fui depuis que vos galères
Baignant leurs larges flancs dans les ondes amères
De conserve voguaient le cap à l'Occident.
Vous parti, bien des chefs songèrent à vous suivre,
L'enfer seul inspira ce dessein imprudent ;
Dans ces rudes climats ils ne voulaient plus vivre
Disaient-ils à l'envi... l'infidèle était loin.
Leur œuvre était finie ; était-il donc besoin,
Le but étant atteint, de toujours le poursuivre ?
Fallait-il s'exposer à d'incessants travaux,
Des combats éternels et des revers nouveaux ?
Il était temps enfin de revoir la patrie,
Des fils devenus grands, une épouse chérie ;
Le berceau du Sauveur était à Betléhem
Accessible pour tous... Roi de Jérusalem,
Leur chef, d'un diadème avait chargé sa tête,
Il pouvait à son gré défendre sa conquête,
Pour eux ils n'aspiraient qu'au retour, au repos.
Aveugles, insensés, tels étaient leurs propos.
Le sage Bohémond vainement les exhorte,
Il leur montre Aladin et sa farouche escorte,
Pouvant d'un jour à l'autre en secret revenir.
Adhémar, à son tour, conjure, ordonne et prie,
Dit que la Cité sainte est une autre patrie
Et qu'il faudrait du moins assurer l'avenir ;
Tout est vain..., rien au camp ne peut les retenir.

Entre eux tous, on comptait le puissant roi Clotaire,
Son rival orgueilleux, Guillaume d'Angleterre,
Le roi de Danemark et le comte de Foix,
Robert, duc des Normands, puis Etienne de Blois,
Guelfe l'Italien, prince de Carinthie,
Dont l'épouse, à la Foi, depuis peu convertie,
Attendait le retour... On comptait Baudouin,
Votre frère, seigneur ; l'éloquent Ardouin,
Qu'en ses jardins fleuris vit naître la Touraine,
Clodomir d'Austrasie, Eberhard d'Aquitaine,
Philippe-le-Hardi, ses vaillants compagnons,
Le jeune comte Etienne avec ses Bourguignons.

Ces derniers faisaient seuls, presque toute une armée
De comtes, de barons, de chevaliers formée,
Marchant indépendants et n'acceptant pour loi
Que celle de l'honneur et celle de la foi.

C'étaient Gaucher d'Arlay, Guillaume d'Etrabonne,
Simon de Faucogney, c'étaient Ferry d'Aubonne,
Les sires de Beaujeu, de Pesmes, d'Oiselay,
De Dampierre, de Joux, d'Achey, de Dramelay,
De Scey, de Montaigu, c'était Gilbert de Traves
Que ses rivaux disaient brave entre tous les braves,
C'étaient Vienne, Apremont, c'étaient Vergy, Cicon,
Champlitte, Arguel, Rupt, Cusance, Montfaucon,
C'étaient Ruffey, Monnet, le vieux baron de Thoire,
Qui, quoiqu'à soixante ans, rêvant toujours la gloire,
Avait, avec ses fils, voulu prendre la croix.
C'était Louis de Mousson, l'égal presque des rois,
Fils de Montbeliard, c'était Guy de Mantoche,
Puis Velf de Rougemont et Rainaud de la Roche,
Neuchatel et Belvoir, c'était Garnier de Gray
Et plus jeune qu'eux tous, c'était Ponce de Ray.

Quel fut le résultat de ce projet funeste
Par les croisés formé, c'est, hélas ! ce qui reste
A vous narrer, seigneur... A dater de ce jour,
Où nos chefs divisés, ne songeant qu'au retour,
Voulurent déserter leur œuvre inachevée,
Cette noble conquête un an durant rêvée,
Tout lien se rompit. Les chefs et les soldats
Ne se connurent plus, de frein ils étaient las,
Tous s'écriaient : Partons, c'est assez de souffrance,
Partons, partons... Enfin l'heure de délivrance
Sonna pour les Chrétiens ; on les vit s'avancer
Du côté de la mer, joyeux de s'élancer
Sur les mille vaisseaux qui flottent au rivage
Et pourtant au moment de quitter cette plage,
Témoin de tant d'exploits, où dorment tant de preux,
Leur cœur a tressailli d'un émoi douloureux.

Bientôt sur les longs bras des vergues frémissantes
Se déroulent les plis des voiles blanchissantes,
Provoquant de l'Eurus les baisers caressants ;
Bientôt, le long du bord, les avirons puissants
Se tiennent suspendus sur les ondes amères,
Prêts à faire voguer les rapides galères,
Dès que sera donné le signal du départ.
A ce signal enfin, tombant de toute part
Dans les flots écumants, les rames rebondissent
Sous l'étreinte du vent les cordages gémissent
Et la flotte cédant à ce puissant effort,
Mollement se balance et s'éloigne du port.

Déjà depuis deux jours, les rives de Judée
Ne s'apercevaient plus, et la flotte guidée
Par d'habiles nochers, voguait pleine d'espoir,
Quand tout-à-coup l'éclair jaillissant d'un ciel noir
Serpente en longs sillons, sur la liquide plaine,
La tempête en courroux, dans les airs se déchaîne,
Fracassant les grands mâts, entr'ouvrant les vaisseaux
Et semant de débris la surface des eaux.

A vous dire, seigneur, quelle clameur confuse
Surgit en ce moment et monte jusqu'aux cieux,
Dans quel émoi poignant sont nos cœurs anxieux,
   Ma bouche se refuse.
Je le dois cependant... Devenus impuissants
A maîtriser le vent de plus en plus contraire,
Nous luttons vainement, nos rameurs ont beau faire
   Des efforts incessants.

Bientôt enfin la mer, implacable en sa rage,
De cadavres couverte et d'épaves sans noms,
Nous ramène éperdus, aux lieux d'où nous venons,
   Nous rejette au rivage.

Pour comble de malheur, à nos regards, soudain,
Qui pourrait expliquer cette infortune étrange,
Apparait, escorté d'une épaisse phalange,
   Le cruel Aladin.

A la hâte, au combat chacun de nous s'apprête ;
Votre frère, seigneur, s'élance à notre tête,
A vaincre nous exhorte et si telle est la loi
De l'aveugle destin, à mourir pour la foi.

Oubliant un instant nos maux et les victimes
Que promène la mer en ses sombres abîmes,
Nous nous précipitons sur la plage à l'envi.
Bientôt des Sequanais, des Ardennais suivi,
Louis de Chiny, Loos, Bergem, Mouzon, Marville,
Montquintin, Herbeumont, Dun, Murvaux, Vatron-
Baudoin, votre frère, en avant emporté,   [ville.]
A sa bouillante audace enfin donnant carrière,
A bientôt renversé la vivante barrière
Qu'oppose l'infidèle à son bras indompté.

Croyant de l'ennemi compléter la défaite,
Ne prenant nul souci des cris de désespoir
Que poussent les mourants, il s'élance sans voir
Qu'Aladin l'a suivi, lui fermant la retraite,
Et que nombre de ceux qui volaient sur ses pas,
Derrière lui, tombant sous le lourd cimeterre.
Ont d'un sang généreux, au loin rougi la terre,
Après avoir conquis un glorieux trépas.
Ce sont Chiny, Mouzon, le noble et preux de Thoire,
Ivoy, Coucy, Vergy, Dun, Herbeumont et Gray,
Qui, tous, ont vaillamment disputé la victoire,
Et le dirai-je encor, c'est le brave de Ray.

A peine nos vaisseaux touchaient-ils au rivage
Qu'emporté loin des siens, loin de tous ses amis,
Méprisant le danger, cédant à son courage,
Ray s'était élancé dans les rangs ennemis,
Attirant sur lui seul du musulman la rage ;
Mais bientôt, entouré, frappé de toute part,
Bien que de corps sanglants, il se fît un rempart,
N'ayant peur se couvrir qu'une impuissante armure,
Le flanc enfin ouvert d'une large blessure,
Seul, hélas, contre tous, il devait succomber ;

Et bientôt, en effet, on l'avait vu tomber
Sans pousser un seul cri, sans une plainte amère,
Nous laissant envieux de partager son sort ;
Puis, enfin, murmurant le doux nom de sa mère,
Il s'était endormi dans les bras de la Mort.

Ce n'est pas sans émoi, sans de vives alarmes,
Que sa mère l'avait vu revêtir ses armes,
Le jour où, secouant son funèbre flambeau,
Le démon des combats, avait au saint tombeau
Poussé le monde entier... Aussi, lui disait-elle :
Mon fils, pourquoi partir ?... à l'angoisse cruelle
Qui tourmente mon cœur et s'attache à mes pas,
J'en ai bien peur, enfant, la mort t'attend là-bas.
Si le fatal destin lui gardait cette épreuve,
De ton père, mon fils, que deviendrait la veuve ;
Qui la consolerait, saurait la protéger ?
Mère, répondait-il, s'il fallait me venger,
Tarir, sécher vos pleurs, n'ai-je donc pas un frère
Qui demeure et grandit près de vous, bonne mère ?
Et sans interroger l'incertain avenir,
L'enfant était parti... pour ne plus revenir.

Cependant Baudoin voit le péril extrême
Qui d'instant en instant, se rapproche et grandit.
Doit-il, vouant au fer du musulman maudit,
Ses vaillants compagnons, par un effort suprême
Regagner les vaisseaux, déjà bien loin de là ?
Ou cédant au conseil que donne la prudence,
Se soustraire au torrent qui mugit et s'avance,
Tenter de s'enfermer dans la tour de Ramla ?
Là, du moins, à l'abri de solides murailles,
On peut faire un appel au destin des batailles
Et s'il reste contraire, on peut s'ensevelir.

A cet avis, chacun de nous se range,
Vers le but désigné s'empresse de courir,
Et bien que ne formant qu'une faible phalange,
Nous faisons tous serment de vaincre ou de mourir.

A peine nous touchions à ce douteux asile,
Que nous voyons paraître, innombrables, pressés,
Les soldats d'Aladin, l'un sur l'autre entassés.
Ils étaient cent contre un, contre deux cents vingt mille
Et poussaient vers le ciel d'effroyables clameurs.
On les laisse avancer, exhaler leur furie,
Et quand ils sont tout près, votre frère nous crie :
Soyez sans crainte, amis, nos traits valent les leurs,
Que nous font du païen les menaces stériles ?
Il s'abuse s'il croit à des succès faciles,
Jésus combat pour nous, nous défendons sa croix.
Triomphons ou mourons... A sa puissante voix,
L'infidèle répond par un long cri de rage
Et sous le vieux donjon, la lutte alors s'engage.

Bientôt nos traits sifflant, obscurcissant les cieux,
Au sein de l'ennemi vont porter le carnage
Et s'abreuver à flots de son sang odieux.
Nous faisons dans ses rangs une horrible trouée
Et quatre heures durant, enchaînant le Destin,
Nous pouvons espérer un triomphe certain.
Mais enfin, à la mort notre troupe vouée,
Dut revenir, hélas ! de sa fatale erreur.
Aladin, que transporte une aveugle fureur,
Aladin n'a pas vu plutôt dans la poussière,
Couchés six cents des siens, son élite guerrière,
Et perdus ses efforts contre nos bons remparts,
Qu'inspiré par l'enfer, ivre de sang, de rage,
Aladin n'écoutant que sa haine sauvage,
Fait bientôt à nos yeux briller de toutes parts
De vingt bûchers ardents la flamme dévorante,
           La sinistre lueur.
Que peut en cet instant une humaine valeur
Contre cet ennemi, dont la voix menaçante
      Jette partout la crainte et la terreur ?
Apremont dit alors : rester est impossible,
Frères, sous ces débris pourquoi s'ensevelir ?
Au sein de l'ennemi vaut-il pas mieux mourir,
Faire tête au danger, fuir ce refuge horrible

Et chercher dans la plaie un glorieux trépas ?
Tel est du noble preux l'intrépide langage.
Baudoin applaudit à ce conseil si sage,
Et le premier s'élance, entraînant sur ses pas,
   Notre phalange en massse,
Rompant les bataillons, renversant devant lui,
Chevaux et cavaliers, tout ce qui n'a pas fui,
Semblable à l'ouragan qui détruit tout et passe.

Sur le sol sont bientôt couchés Muléassem,
Puis Noureddin pacha, qui, l'injure à la bouche,
Croyant nous imposer par son regard farouche,
Accourait escorté de Timor et d'Assem.
Ces derniers espérant une facile gloire,
Ne combattaient jamais que côte à côte, unis,
Aussi du même coup, près du bey de Tunis,
Meurent-ils, renversés par Pierre et Jean de Thoire.
Là-bas, c'est de Memphis le redoutable dey,
Qui, maître en noirs complots, en détestables trames,
Avec trente de ceux dont il est entouré
Laisse fuir, en tombant son sang avec son âme
Sous la puissante main d'Enguerrand de Ruffey.
Tandis qu'ici, percé par la lance de Vienne,
Se tord, en blasphémant sur le sol, Idaour;
Plus loin sont immolés Tigrane et Balaour,
Par le glaive sanglant du vaillant comte Etienne,
Celui qu'en souvenir de ses premiers exploits,
A raison de sa gloire, incessamment grandie,
Ses vaillants compagnons, les chevaliers Comtois
   Surnomment Tête-Hardie.

Cependant le soudan, pour qui combat l'enfer,
N'a pas vu sans terreur ses hordes qui fléchissent.
Il accourt... Sur ses pas, vingt escadrons bondissent
En nous emprisonnant dans un cercle de fer.

Dès lors, ce ne fut plus qu'une lutte indicible,
De morts et de mourants une mêlée horrible,
Qui dut se terminer en faveur d'Aladin.
Sans doute ainsi l'avait décrété le Destin.

Pardonnez-moi, seigneur, si je n'ai pu connaître
Le sort de Baudouin et d'Eustache mon maître.
— Vos frères où sont-ils ? — Je l'ignore, seigneur.
Quand de Ramla brûlant, la défense fut vaine,
Ils s'étaient je l'ai dit, élancés dans la plaine,
L'un et l'autre emportés par leur bouillante ardeur ;
De près je les suivais, mais un trait vint m'abattre,
Sanglant, inanimé, sur le sol étendu ;
Ainsi donc je n'ai pu, comme je l'aurais dû,
    Veiller sur eux, pour leur salut combattre,
S'ils sont vivants encor, de mon corps les couvrir
Et s'ils sont morts, hélas ! à leurs côtés mourir !

Tandis qu'ici Mousson, Pesmes, les deux de Thoire
Gautier de Fondrement, Simon de Rupt, Beaujeux,
Meurent en combattant, s'endorment dans leur gloire,
Nos autres compagnons, là-bas plus malheureux,
Sanglants et désarmés, lamentable conquête,
Dans la lutte tombés, déjà morts à demi,
Sont conduits au vainqueur, ce farouche ennemi,
Qui, sans pitié, leur fait à tous trancher la tête.

Dois-je continuer ? Dois-je achever, seigneur.
Pourquoi faut-il, grand Dieu ! que ma bouche raconte
Ce spectacle hideux et ces scènes d'horreur ?
Au nombre des martyrs qu'immola le vainqueur,
Brillaient des Bourguignons le noble et vaillant comte,
Hugues, son frère, Aymar le prélat vertueux,
Puis Etienne de Blois, bien d'autres avec eux,
Dont les noms moins connus, ont fui de ma mémoire,
Mais qui seront inscrits aux fastes de l'histoire.

Gisant à leurs côtés, j'osais briguer leur sort.
Las, j'étais trop obscur, dédaigné par la mort ;
Echappé presque seul à ce désastre immense,
Protégé de la nuit, me traînant en silence,
Je pus gagner la mer et fuir ce lieu maudit.
Tels furent nos malheurs, seigneur, je vous l'ai dit.

A ce triste récit, du sein de l'auditoire
S'élève un cri de rage, et d'horreur et d'effroi.

D'où viennent ces clameurs, dit alors Godefroi ;
Tous les jours de combat sont-ils jours de victoire.
Depuis quand le Seigneur ne peut-il disposer
Du succès, des revers ? et d'une main sévère
Châtier ceux qu'il aime, en un jour de colère.
Gardez-vous donc, amis, gardez-vous bien d'oser
Accuser ses desseins, mystères insondables,
Sous peine de prochains, de cuisants repentirs.
Vous pleurez, il est vrai, de glorieux martyrs,
Dont l'impie ottoman, sur ses arides sables,
Sans doute indifférent, laisse blanchir les os.
Mais si j'en crois la foi, qui d'en haut m'est donnée,
De leur noble poussière, aux vents abandonnée,
Naîtra pour les venger un peuple de héros.
Malheur, alors, malheur au fils du faux Prophète ;
Peut-être paiera-t-il chèrement à son tour
Ses faciles succès, son triomphe d'un jour
Et les sanglants lauriers dont il pare sa tête.

Il dit. Chacun se tait à ce discours prudent.
Et les nefs des croisés, par la brise lancées,
Bientôt fendant la mer, sur les vagues bercées
Poursuivent leur chemin, le cap à l'Occident.

Bien qu'au ciel bleu, déjà brille l'aurore,
Complaisant page noir,
Dis-nous de grâce encore,
Quelques mots du passé de ce noble manoir.

Près d'un siècle avait fui ; la terre de Judée
Par des torrents de sang, tant de fois inondée,
Sous le joug ottoman gémissait derechef.
Des fils de Mahomet, le soudan et le chef,
Saladin, de nouveau faisant appel aux armes,
Semait de tous côtés la terreur et les larmes,
Et marchait au combat, entraînant sur ses pas
Trois cent mille croyants, la fleur de ses Etats.

Tel qu'on voit dans le ciel, couvrant au loin la plaine,
Un nuage profond, que de sa rude haleine
        L'aquilon mord au flanc,
    C'est vainement qu'en sa masse bistrée,
De loin en loin paraît une teinte azurée,
Un rayon lumineux, quelque léger point blanc,
        Trompeur présage,
Car la foudre a grondé sur le voisin coteau ;
        Berger, troupeau,
S'empressent, en courant, de rentrer au village.
    Mais c'est trop tard, entr'ouvrant le nuage,
        L'éclair, de son rouge sillon
        A déchaîné l'orage
        Au sein du paisible vallon.
Tombez, riches moissons, c'est votre heure dernière,
Tombe, vieux chêne altier, tombe, fleur printanière,
Les vœux qu'on fait au ciel ne vous sauveront pas.
L'Eternel reste sourd, c'est en vain qu'on le prie,
Et son bras irrité, qu'anime la furie,
Ne suspendra ses coups que quand il sera las.

Telles on pouvait voir sous leur armure sombre
Des fils de Mahomet, les phalanges sans nombre
Se roidissant au frein qui les retient encor,
Mais que résonne enfin la voix mâle du cor,
Ou que le long buccin, de sa bouche vibrante,
Jette au loin le signal de la lutte sanglante,
Ces phalanges bientôt, au sein des verts guérets,
Des coteaux jaunissants, des riantes forêts,
Auront semé le deuil, la mort et le carnage.
Saladin le Cruel, veut que son coursier nage
Dans le sang des Chrétiens ; son regard orgueilleux
Lance un rapide éclair et menace les cieux.

Combien ils sont nombreux, les peuples que la guerre
Amène sous la loi du cruel Saladin ;
Leurs drapeaux, du Tabor aux rives du Jourdain,
        Pourraient couvrir la terre.

Aux côtés du soudan, se pressant tour à tour,
Je vois Alcaracus, le vaillant Almanzour :
Ce sont les chefs aimés des troupes de Lycie.
Je vois Argant le Fort, Argant que la Mycie,
Proclame avec raison brave entre tous ses fils.
Je vois Malek-Adel, Mustapha de Memphis ;
Je vois Muléassem et la farouche bande
Qu'avec lui de la Perse, envoya Samarcande.
Je vois Mourad, Assem, Assem, né dans Sétif,
Où sa mère tremblante, au bruit strident des armes,
Par un excès d'amour, le retenait captif,
Et d'où put s'échapper, insensible à ses larmes
Le fier adolescent, en semant partout l'or,
Car ce jeune héros n'a pas vingt ans encor ;
Je vois Kerim, Omar, noirs fils de l'Ethiopie,
Qu'enfanta Méroë, sous les palmiers tapie,
Entre les bras du Nil et de l'Astabara,
Je vois Sélim, Arban ; mais qui me nommera
Ce guerrier, dont la main porte une lourde lance
Et qu'un puissant chameau sur sa croupe balance ;
On le dirait couvert d'une peau de serpent.
En effet, ce guerrier est Edem-Koulipend.
Il est né dans Chiras, près du golfe Persique.
Séduits par sa valeur, vingt peuples de l'Afrique
Qui l'ont vu combattant, sous les murs de Damas,
Se sont depuis ce jour attachés à ses pas.
Et pour chef ont choisi ce guerrier intrépide.
C'est lui qui maintenant au carnage les guide,
Et depuis lors on voit, combattant réunis,
Les hommes de Chiraz, leur escadron rapide
Et ceux d'Alger, de Fez, de Tanger, de Tunis.

De ces peuples nombreux, qui pourrait bien décrire
Les costumes divers… Leurs noms, qui peut les dire ?

Ceux-là que le Niger apporta sur ses flots,
Nus presque entièrement, armés de javelots,
Ne combattent qu'à pied. Dans leur course rapide,
Ils pourraient défier le cavalier numide ;

L'étendard qui les guide est celui d'Idaour.
Ceux qui viennent après ont pour chef Balaour ;
Leur corps est recouvert de la dépouille immonde
Du caïman fangeux et leur arme est la fronde.
Aussi les prendrait-on, quand le disque vermeil
Du puissant dieu du jour de ses feux les inonde,
Pour d'immenses lézards s'ébattant au soleil.

Ceux-ci quittant les riantes prairies
        Que baigne le fougueux Indus,
Et la verte Nisa, ses campagnes fleuries,
        Sont en foule accourus
Des pays sur lesquels jadis régna Porus.
A leur dos, l'if tordu, le carquois se balancent ;
Ce sont d'adroits archers et des flèches qu'ils lancent
        En vain l'ennemi se défend.
    Jour de combat est pour eux jour de fête,
        Sélim, leur roi, marche à leur tête,
        Porté sur un noir éléphant.

Ceux-ci, du Sahara montent le dromadaire,
Ceux-là le noir coursier, né sous les murs du Caire,
Fiers animaux tous deux, méprisant le danger,
Tous deux pouvant atteindre en leur essor rapide,
Les hôtes du désert, la gazelle timide
            L'autruche au pied léger.

Combien ils sont nombreux, les peuples que la guerre
Amène sous la loi du cruel Saladin.
Leurs drapeaux, du Tabor aux rives du Jourdain,
            Pourraient couvrir la terre.

Venus de tous les points connus de l'univers,
De costumes, de lois, de langages divers,
Ces peuples cependant, semblent n'avoir qu'une âme.
Même ardeur au combat les conduit, les enflamme,
On les dirait unis par un même lien.
Même étrange pouvoir les soumet, les enchaîne,
        Et ce pouvoir, c'est l'implacable haine
            Qu'ils ont vouée au nom chrétien.

Mais en face, voyez ces armures qui brillent
Et sous les feux du jour les glaives qui scintillent,
Semant sur le coteau leurs sinistres éclairs.
Entendez-vous ces cris s'élevant dans les airs,
Cette étrange rumeur de mille bruits formée,
Ces chevaux hennissants, ces clairons aux cent voix,
Des peuples d'Occident, c'est l'innombrable armée,
C'est l'Europe accourue à l'appel de vingt rois.

Là, mêlés, confondus, campent le Scandinave,
Le Sarmate, le Goth, le Danois, le Morave
A la mine farouche, au morion de fer,
Ce sont de la Néva, de l'Oural, du Dniéper,
Les hordes qu'aucun joug sur leurs sommets de glace,
Dans leurs steppes sans nom, n'a pu soumettre encor,
    Du vieil Odin, c'est la sauvage race,
    Ce sont les descendants de Thor.

Plus loin, sont du midi les vaillantes bannières,
Ombrageant de leurs plis, Portugais, Espagnols,
Napolitains, Pisans, Florentins, Romandiols,
Que leurs noirs étalons, aux flottantes crinières,
Du frein impatients, qu'ils ont peine à dompter,
Dans les rangs ennemis vont bientôt emporter.

Plus loin voyez encor, couronnant la montagne,
Cette immense bannière au fauve léopard,
De la vieille Albion, c'est le noble étendard,
C'est le royal drapeau de la Grande-Bretagne,
    Qu'accompagne Richard.

A droite, cette mer qui mugit et s'avance,
Entraînant dans ses flots gens de pied, cavaliers,
Prélats, comtes, barons, manants et chevaliers,
C'est la vaillante armée accourant de la France
    Pour défendre la croix;
    Le plus puissant des rois,
    Philippe-Auguste la commande.

Non moins puissante, non moins grande,
A sa gauche paraît celle des Allamands ;
Salut aux étendards, que jadis triomphants,
Sur vingt peuples conquis fit flotter Charlemagne,
Salut à la vieille Allamagne,
A ses nobles enfants.

Il est à peine un mois, de victoire en victoire
La guidait Frédéric, son souverain, son chef,
Aujourd'hui le héros dort sans tombe et sans gloire
Son corps obscurément roule aux flots du Selef.
De Barberousse mort, l'œuvre n'est pas finie,
Mais à ses compagnons privés de son appui,
Qu'importe ? Ses féaux l'achèveront sans lui.
Ne sont-ils donc plus là, les ducs de Moravie,
De Souabe, d'Autriche et les nobles enfants
Auxquels donna le jour la vieille Séquanie.

Dans leurs rangs j'aperçois Jacques de Villafans,
Gauthier de Montfaucon, Traves, Montaigu Pierre,
Trois sires de Vergy, cinq sires de Dampierre,
Guy, Simon et Rainaud, puis Odet et Richard,
Gaucher de Salins, Joux, Coucy, Cusance, Aymar,
Voisey, Jean d'Aigremont, Guillaume de la Roche,
Son frère Othon, Arlay, Ruffey, Chauvirey, Scy,
Champlitte, Faucogney, Fondrement et Chissey,
Pesmes, Aimar et Guy, Guillaume de Mentoche,
J'aperçois Dramelay, puis Othon de Cicon,
Beaujeu, Vellexon, Ray, Jean et Pierre de Thoire,
Et brave autant qu'eux tous, plus qu'eux aimant la
Le vertueux prélat Thiéry de Montfaucon.   [gloire,]

Quel penser inconnu le captive et domine ?
Un compas à la main, l'intrépide vieillard,
L'évêque ingénieur, méditant à l'écart ?
Peut-être rêve-t-il tour, baliste ou machine
Qui promet aux croisés, bientôt Ptolémaïs ?

Des vaincus de Ramla, ce sont les nobles fils,
Combien ils sont nombreux ; à leur prestance fière,
En les voyant si grands, si vaillants et si beaux,
L'infidèle éperdu, les prendrait pour leurs pères,
De pied en cap armés, sortis de leurs tombeaux.

Mais silence... Quel bruit au loin se fait entendre,
Quel nuage poudreux sur le camp vient s'étendre,
On dirait un assaut?... Le fer froisse le fer.
Dans le ciel obscurci, l'éclair croise l'éclair.
Oui, c'est bien là le choc des puissantes machines,
Ebranlant les remparts, éventrant les courtines,
Démantelant les tours de la vieille cité.
Ton temps, Ptolemaïs, cette fois est compté,
Il faut tomber enfin, voici ta dernière heure,
Et Dieu veut aujourd'hui qu'avec toi ton nom meure:
Ne perds pas toutefois l'espoir de l'avenir,
Dans les âges futurs, tu seras Saint-Jean-d'Acre,
Conservant sous ce nom, de l'immense massacre
A tes pieds accompli, l'éternel souvenir.
En attendant ce jour, Ptolemaïs maudite,
L'implacable Richard, Richard Cœur-de-Lion,
Richard va t'imposer la loi du talion ;
L'heure sonne pour toi, l'heure autrefois prédite
Où les morts de Ramla seront enfin vengés
Et trois mille des tiens, froidement égorgés,
Feront trouver bientôt à leurs ombres errantes
Le repos vainement près d'un siècle attendu.

Cependant Saladin, Saladin éperdu,
Apprend avec effroi que sur les tours croulantes
De la vieille cité, se balance la croix.
Il voit déjà venir avec ses dures lois
S'il tente de lutter, la sanglante défaite,
Et bientôt pâlissant, le râle dans la voix,
Il fait partout aux siens commander la retraite.
Mais c'est trop tard, déjà Saladin a pu voir
Qu'au-devant de ses pas, toute issue est fermée,
Que là sont les chrétiens et qu'il n'est nul espoir
De se soustraire au choc de leur vaillante armée.

Après avoir au loin promené ses regards
Plein d'un sombre dédain pour ce péril extrème,
Saladin se résigne à tenter les hasards
D'un combat inégal, d'une lutte suprême,
Et s'élançant alors au sein de l'ennemi,
Son cimeterre y fait une large trouée ;
Sous le tranchant bientôt, plus d'un casque a gémi,
Plus d'une noble tête, à la parque vouée,
Sur le sol a roulé, sans voix et sans regard,
Quand soudain apparaît l'intrépide Richard.
« Saladin, lui dit-il, c'est peu digne victoire
Pour le Chef qui gouverne un si puissant Etat,
D'égorger, quand il fuit, un timide soldat,
Et ce n'est point ainsi que s'achète la gloire.
       Arrière donc, fier Saladin, crois-moi,
A d'autres abandonne un triomphe vulgaire
Et viens te mesurer à plus digne adversaire,
Le roi Richard, du moins, peut combattre avec toi. »
A ces mots, il brandit sa redoutable lance.
Le soudan, à son tour, de son côté s'élance,
Veut lui faire payer cet insultant discours.
Mais les coups furieux qu'ils se portent s'égarent,
Sous le flot des fuyards, bientôt ils se séparent,
Au combat général, laissant suivre son cours.

Tandis que sur ce point la lutte se ranime,
Et que la mort y fait mainte et mainte victime,
Sur un point différent, en vingt endroits divers,
L'infidèle triomphe ou subit des revers,
Car, pendant que là-bas, aux soldats de Mycie,
Par l'invincible Argant, au carnage animés
S'opposent vainement les troupes de Murcie,
Laissant sur leur chemin cent cadavres semés,
Que cédant le terrain, de frayeur affolées,
Les bandes d'Idaour, de flèches accablées,
Viennent jeter le trouble au sein des Espagnols,
Dans leur fuite entraînant Pisans et Romandiols,
Ici de vaillants chefs, les ducs de Moravie,
De Souabe, d'Autriche, au cruel Balaour,

Au brave Alcaracus, au vaillant Almansour
Font perdre avec le sang leur odieuse vie.
Plus près tombe à son tour le vieux Muleassem,
Vers lui tombent aussi Timor, Omar, Assem,
Assem le jeune preux, dont la moustache à peine,
Frémissait aux baisers de la piquante haleine
Des brises d'Orient; lui, qui dans vingt combats
Avait impunément affronté le trépas,
Assem vient de trouver une mort glorieuse ;
Mais qui saura le dire à sa mère anxieuse,
Nul ne pourra des siens à Sétif accourir,
Car tous se sont promis, s'il mourait, de mourir.

Sur un point différent, au choc des cinq Dampierre,
De Jacques de Fouvent, de Rupt, de Voizey Pierre
Se débande à son tour, l'escadron de Tunis,
A son aide accourait Mustapha, de Memphis.
Il se flattait déjà d'une facile gloire,
Quand tout à coup atteint par Pierre et Jean de Thoire,
Par Champlitte et Cicon, par le brave de Ray,
Avec trente de ceux dont il est entouré
Pour la première fois pliant sa tête altière,
L'orgueilleux Mustapha roule dans la poussière.

En ce critique instant, où luttant corps à corps,
Chacun des deux partis s'enivre de carnage,
Nul d'eux ne peut encor prétendre à l'avantage,
Et cependant déjà des montagnes de morts
Attestent du combat l'implacable furie.
Mais ce n'est point en vain que le fer brille et crie,
Jonchant le sol sanglant, d'écus, de boucliers,
Qu'au défaut de l'armure il va chercher la vie
Et sur les grands armets, fauche les fiers cîmiers;
Ce n'est pas vainement que la Parque moissonne
Et du triomphe enfin, j'entends l'heure qui sonne.

Voyez l'Ottoman fuit et Dieu s'est prononcé.
        Souillé de sang et de poussière,
L'étendard du Prophète est partout renversé,

Et le Croissant fait place à la noble bannière
    Que décore la Croix.
Mais combien de héros à cette heure sans voix
Dont les noms s'inscriront aux fastes de l'histoire,
Par l'ardeur en avant, loin des leurs emportés,
Sous le fer ottoman comme épis mûrs fauchés,.
Ont d'un sang généreux, acheté la victoire.

De leur nombre je vois Nortumberland, Suffolk,
Alvarès, Médina, Don Juan de Navarre,
Vatronville, Murvaux, Montgommery, Norfolk,
Foscari, Renaud d'Este, Amauri de Ferrare,
Le comte Ladislas, le vaillant polonais ;
Mais plus nombreux encor les braves séquanais
Passavant, Rochefort, Montmartin, Etrabonne,
Chauvirey, Dramelay, Coucy Raoul, Aubonne,
Montaigu, Faucogney, Montferrand, Rougemont,
Jean d'Argnel, Vergy, Montboson, Apremont,
Antoine de Poupet, Monnet, Ornans Etienne,
Thierry de Montfaucon et le noble de Vienne.
Combien ils sont nombreux, sur la terre couchés,
Ceux que la pâle Mort de son doigt a touchés.
Cette Mort implacable et qu'en vain on implore !
Mais combien plus nombreux me paraissent encore
Ceux pour qui se prépare en ce glorieux jour
Vers la terre natale un désiré retour !

Ephémère désir ! le doux pays de France,
En repos ne saurait longtemps les retenir,
Et l'Ottoman bientôt les verra revenir,
Des revers du passé poursuivre la vengeance,
Dans ses champs dévastés promener leur drapeau,
Par de sanglants succès s'illustrer de nouveau,
Et fouler en courant de victoire en victoire
Au pied de leurs coursiers, vingt peuples écrasés,
Ne suspendant leurs coups que quand ils pourront croi-
Des martyrs de Ramla, les mânes apaisés.   [re]

Voyez-les triomphants, dépécer la Morée,
Aux Etats asservis de la terre sacrée,

Commander en vainqueurs, leur imposer des lois,
Se créer ducs, marquis, comtes, barons ou rois,
Et du noble pays faire large curée.
    Laroche Othon deviendra duc d'Argos,
    Cicon Othon, prince de Caritène,
    Le brave Ray, duc de Thèbes, d'Athène,
Jacques de Villafans, comte de Ténédos ;
Déjà l'autre Laroche est duc de Messénie,
Et Simon de Cléron, comte de Laconie.
Nul ne s'est oublié, tous ont suivi le flot
Alors qu'il a fallu procéder au partage.
Pesmes et Montferrand ont pris le meilleur lot
            Dans ce noble héritage,
Les Dampierre en ont cinq, chacun aura le sien.

Ce que vous faîtes là, preux chevaliers est bien ;
Chargez d'émaux nouveaux, vos écus et vos heaumes
Dans le pays conquis, taillez-vous des royaumes,
L'avenir est à vous... Mais n'oubliez jamais,
Preux, qu'avant d'être Grecs, vous fûtes Séquanais ;
N'oubliez pas qu'ailleurs est la mère patrie
Et, si jamais sur elle, éclatait le danger,
Souvenez-vous, enfants, qu'il faut la protéger,
Accourez à sa voix, qui vous appelle et prie.

LA

GUERRE DE DIX ANS

DANS LE PAYS D'AMONT

GUERRE DE DIX ANS

DANS LE PAYS D'AMONT

———

Sur le passé de ce noble manoir,
Encore nn mot, complaisant page noir.

Quatre siècles ont fui, des sanglantes croisades
Le souvenir est loin ; cités, châteaux, bourgades
De la Franche-Comté, sans doute désormais,
Après des maux sans nom pourront dormir en paix.
Sous le joug espagnol, le pays va connaître
Le repos, le bonheur, Albert, son nouveau maître,
      Enfin saura le protéger
Contre des maux nouveaux, contre un nouveau danger ;
Mais c'est fatale erreur, c'est espérance vaine ;
Et ses vieux ennemis, la France, la Lorraine,
Préparent en secret, pour lui, de nouveaux coups ;
Infortunés Comtois, malheur, malheur à vous,
L'Espagnol est trop loin, il ne peut vous défendre ;
Vainement à votre aide, il convie à descendre
Des froids pays du Nord les soldats abhorrés.
La lutte va renaître et les drapeaux serrés
Du cruel ennemi, déjà sur la frontière,
Livrent au vent leurs plis ; sa trompette guerrière
Fait mugir les échos, de ses airs menaçants,
      Voici la guerre et son fatal cortége,

Comtois, debout! voici la guerre de dix ans,
      Que le ciel vous protége.

Voyez flotter au Nord, ce lugubre étendard,
A Caumont de la Force, à Saxe-Weïmar,
Il ouvre le chemin du meurtre, du pillage ;
Tout tremble à son aspect, tout fuit à son passage.
Ceux qu'il mène au combat, vraie horde de bandits,
Ce sont les Allemands, leur cortége maudit.

Au couchant, vous voyez Lavallette et Turenne,
De meurtre, de carnage, ils vont marquer leurs pas,
Partout brûlant, pillant, leur troupe se promène ;
Tout ce qui n'a pas fui doit s'attendre au trépas.
Et pourtant c'est Condé, c'est Condé qui commande
Ces vandales nouveaux, cette farouche bande,
Condé qui doit léguer aux Comtois à venir,
D'âge en âge passant, le cruel souvenir.

Du côté du midi, c'est Gallas qui s'avance.
Peut-être apporte-t-il la paix, la délivrance.
Oh! c'est fatale erreur! Infortunés Comtois,
Ce troupeau de pillards, va vous dicter des lois,
De plus cruelles lois que celles dont vos têtes
Durent subir le joug en un jour de conquêtes,
Et le brave pays qu'il devait protéger,
Il ne le quittera qu'en proie à la famine,
Par ses soins dévasté, lamentable ruine,
Et quand il n'aura plus que de l'herbe à manger;
Infortunés Comtois, vous pouviez bien attendre
Gallas vous protégeant et venant vous défendre !
Mais Gallas imitant vos cruels ennemis,
Ce n'est pas là Gallas qu'on vous avait promis.

Sous le flot mugissant des hordes étrangères,
Dans le pays d'Amont, déjà de toutes parts,
En dépit de leurs tours et de leurs bons remparts,
Trente bourgs et châteaux ont baissé leurs bannières;
J'aperçois Chauvirez, Bougey, Cemboing, Raincourt,

Ormoy, Voisey, Jussey, Jevigney, Betaucourt,
Que l'ennemi cruel, ivre de sang, de rage,
Ne doit abandonner que livrés au pillage ;
Vingt autres avec eux ; malgré sa grande tour,
Magny, jonché de morts, Magny tombe à son tour.

Une heure vient pourtant où l'ennemi va rendre
Un compte rigoureux de ses lâches excès,
Et Saint-Martin, Clinchamp, Lamboy, Varroz, De-
Vont lui faire payer chèrement ses succès. [mandre]
Les voyez-vous déjà franchissant la frontière,
Sur le pays français promener leur bannière,
Et de Jonvelle à Gray, courant le Bassigny,
Saccager bourgs, châteaux ; Bourbonne, Pressigny ?
Infligeant au vaincu d'horribles représailles,
Ils vont semant partout le deuil, les funérailles,
Porter jusqu'au Langrois, en son aire éperdu,
Par ses massives tours, à peine défendu,
La terreur et l'effroi... Représaille inutile,
Il faudra bien céder, sept cents contre dix mille.
S'ils cèdent cependant, c'est quand ils seront las
D'avoir pillé, brûlé, de morts semé leurs pas
Et fait de la contrée un désert lamentable.

Mais ce n'est point assez, la horde impitoyable
De Weïmar déjà signale son retour.
Et sous ses coups bientôt, vont tomber tour à tour
Saint-Remy, Cendrecourt, Menou, Demangevelle,
Monthureux, Vougeaucourt et la brave Jonvelle,
Jonvelle, qu'Aboncourt, son hardi gouverneur
A su pendant un an disputer au vainqueur ;
Jonvelle, du Comtois sentinelle vaillante,
Qui la gardais si bien contre l'envahisseur ;
Jonvelle au temps passé, cité si florissante,
Du cruel ennemi, tu vas subir la loi,
Le silence éternel a commencé pour toi ;
      Mais si dans ton linceul de gloire
T'attendent pour toujours le repos et la paix,
De Weïmar, du moins, que l'horrible mémoire,
      Ne se perde jamais.

Ta fin est proche aussi, La Mothe glorieuse,
Trop longtemps au Français ton bras s'est fait sentir ;
Tu troubles son sommeil, forteresse orgueilleuse
Et tu lui fais trop peur, il doit t'anéantir.
La Mothe, un an durant, tu pourras te défendre
Il faudra bien enfin subir le joug, te rendre.
Mais tu ne te rendras, formidable donjon,
Que quand tu dormiras enfoui sous la cendre,
Et que croulant partout, sous l'effort du canon,
　　Tes bons remparts, tes tours démantelées
De leurs poudreux débris, couvriront les vallées,
Ou quand aux noirs créneaux, pendu par le vainqueur
Enfin aura péri ton dernier défenseur.

La Mothe, tes vieux murs dispersés dans l'espace
Sauront bien conserver ton triste souvenir,
Mais ils ne sauront plus aux âges à venir,
Qu'avec peine indiquer ta glorieuse place.

Entendez-vous là-bas, ce dur clairon qui jette
Aux vallons frémissants, sa belliqueuse voix,
C'est celui de Condé, celui de Lavallette,
Qu'hélas connaît si bien le malheureux Comtois.
Franc-Comtois, ce clairon tu sais ce qu'il présage :
C'est l'horrible retour du meurtre, du pillage,
C'est le sanglant retour des hordes de bandits,
C'est celui du Français et de ses chefs maudits.

Lavallette, animé d'une sauvage haine,
Vient bien cruellement venger Blondefontaine,
Ses vassaux mis à sac, par Varroz le gaucher :
De Champlitte à Jonvelle, il s'apprête à marcher.
A la rouge lueur qui le suit et l'éclaire,
Tu reconnais, Comtois, sa torche incendiaire
Et son sinistre éclat te fera voir bientôt
Sous les coups du maudit tomber Achey, Montot,
Saint-Andoche, Fouvent, Morey, Artaufontaine,
Dont les débris fumants jonchant au loin la plaine,

A tout jamais diront à nos derniers neveux
La glorieuse fin et le sort malheureux.

Vous pourrez voir tomber Faverney, Port, Amance,
Malgré leurs murs épais, leur brave résistance.
Lavoncourt, Vellexon, Rupt, Frasnes, Seveux, Ray,
Puis enfin, mais plus tard, Gy, Beaujeu, Dôle et Gray.

       Ray, noble Ray, sais-tu ce qu'il prépare
Pour toi, l'envahisseur et le Français barbare ?
Tu vas subir la loi d'Yves de Pressigny,
Et payer chèrement l'œuvre du Bassigny.

Que sont-ils devenus, ces jours brillants de gloire,
Où tu sus disputer au Lorrain la victoire,
Résister vaillamment à dix sanglants assauts
Et garder sain et sauf l'honneur de tes créneaux ?
Las... ils sont loin, ces jours, et ton heure dernière
Vient de sonner... Tu vas céder, noble donjon,
Mais tu ne céderas que lorsque ta bannière
Au splendide ray d'or, sera dans la poussière,
Ou que trois jours durant le mortier, le canon,
Sans relâche tonnant auront de leurs volées
Assourdi les échos des lointaines vallées,
Et qu'ils auront troué, rompu de toutes parts,
Mis au niveau du sol tes impuissants remparts.

Sous la cendre perdu, tu peux à l'espérance,
Aux rêves d'avenir, tu peux t'abandonner ;
Mais de temps plus heureux et de la délivrance
L'heure est bien loin encore, elle est loin de sonner ;
Jamais sonnera-t-elle ? Et cependant Demandre,
Ses vaillants cavaliers, le brave Beauffremont,
Suivi de Gouhélans, de Melisey-Grammont,
Accourent à ton aide et viennent te défendre.
       Trompeur espoir, ils sont trop peu nombreux
La défaite les suit, elle marche avec eux,
              Et leur secours est inutile.
Hélas que pourraient-ils ? cinq cents contre cinq mille.
Aussi les verras-tu bientôt, malheureux Ray,

A tes pieds succomber sous les coups de Grandcey,
Sous ceux de Du Hallier, sous l'effort de Tavannes
Et laisser cent des leurs dans les plaines de Vannes.

Maintenant, vieux donjon, tu peux dormir en paix,
S'il te faut oublier ton passé plein de gloire,
  Et si pour toi le livre de l'histoire
   Reste fermé désormais,
Plus tard tu reverras, secouant sa poussière,
De nouveau s'arborer, au sommet de tes tours,
Des vieux sires de Ray, la vaillante bannière,
Ramenant dans ses plis, le bonheur pour toujours.

Si le pays d'Amont, enfin, a dû mourir,
Ce n'est qu'après cinq ans d'une lutte acharnée,
Et l'œuvre du Français, loin d'être terminée,
Doit se poursuivre encor... Voudrait-il conquérir
Aval toujours debout ? Il devra faire usage
Durant cinq ans encor, du meurtre, du carnage,
Contre lesquels Amont n'a pu se protéger.
Et s'il persiste enfin à te donner un maître,
A t'imposer son joug, son pouvoir étranger,
Il lui faudra, Comtois, dix ans pour te soumettre.

Un dernier mot, complaisant page noir,
 Sur les beaux jours de ce noble manoir,

Au versant du coteau, d'où l'aube matinale
Ouvrant au dieu du jour la porte orientale,
Jette ses flots de pourpre à la voûte des cieux,
Se déroule au regard, Soing paré, gracieux.
Ceint d'un bois toujours vert, d'un éternel ombrage,
Aux ondes d'une eau pure, il baigne son rivage.
Là-bas, c'est Vellexon, de pampres décoré ;
A droite Savayeux et son vallon doré.

Au sein de ces forêts que le zéphir balance,
Jadis naquit Seveux, de poétique enfance,
Seveux, redemandant vainement au passé,
Son éclat né d'un jour, en un jour effacé,
Ses temples, ses palais, ses fêtes, l'hippodrome,
Et surtout le vieux nom dont l'avait doté Rome.
C'est Beaujeu tout là-bas, à l'horizon qui fuit.
Plus loin encor, c'est Gray, dont la flèche reluit.

Assises sur le pré, gracieuses, coquettes,
Quelles sont à nos pieds ces blanches maisonnettes,
Etalant à l'envi leurs riantes couleurs ?
Là, c'est Charantenay, sur son divan de fleurs.

Franchis mon œil, franchis l'espace,
Là-bas c'est le Mont-Blanc, là le Ballon d'Alsace.

Dis-nous beau page noir,
Dis-nous de grâce encore,
Quel est ce pic, qu'aux derniers feux du soir
Phœbus fait scintiller et dore ?

Là c'est Morey, dérobant dans les cieux
Son sommet dépouillé d'ombrages,
Morey, sauvage, sourcilleux,
Morey, dont le roc nu, que battent les orages,
Atteste encor les travaux de César,

Mais des bords plus riants appellent un regard.

Non loin des prés fleuris où la Saône serpente,
S'élève un monticule, à l'insensible pente,
Sur son flanc ombragé de mouvants peupliers,
Voyez, voyez là-bas ces hardis cavaliers :
Voyez leur jeune chef, quelle prestance fière,
Comme l'éclair jaillit de sa vive paupière !
En lui l'avenir garde un guerrier de renom.

Dis-nous beau page noir, dis-nous quel est son nom ?

Le nom de ce guerrier est Marmier Alexandre,
Il est brave déjà, quoique d'un âge tendre.
A son écharpe d'or, au panache ondoyant,
Qui caresse amoureux son chapeau castillan,
Au pourpoint tailladé qui le pare avec grâce,
A son regard brillant de valeur et d'audace,
      Au feu de son noble coursier,
Comme il est bel à voir le jeune cavalier.

      Vertus, naissance, il a tout en partage.
Des sires de Longwy, rejeton valeureux,
Il saura s'illustrer, s'élever autant qu'eux,
Et cinq lustres unis sont à peine son âge.

Au métier des héros, occupant ses loisirs,
      Epris des charmes de la gloire,
      Ne rêvant que combats, victoire,
Longtemps les jeux de Mars furent ses seuls plaisirs,
      Ivre de sanglante mêlée,
      Longtemps Bellone, ardente, échevelée
      Régna seule en son cœur.
Mais enfin l'amour vint et demeura vainqueur.

Aux rivages de Ray, tandis que dans la plaine
      Errait un soir la jeune châtelaine,
Au corsage d'abeille, aux cheveux bouclés d'or.
Aux cils longs et soyeux, à l'âge tendre encor,
      Marmier, que l'amour guide,
N'a pas vu sans émoi Rose belle et timide,
Et bientôt tant d'attraits, tant de charmes naissants
Ont ravi son repos, ont embrasé ses sens.
Inquiet et troublé de ce feu qu'il ignore,
Il voudrait arracher le trait qui le dévore ;
      Mais c'est en vain qu'il tente de bannir
Une image adorée, un trop doux souvenir.
      Oublieux des cris de victoire,
      Foulant aux pieds les palmes de la gloire,
Pour lui Mars désormais restera sans appas.
Que l'airain gronde et tonne, il ne l'entendra pas.

Comme on voit un aiglon, ardent, plein de courage,
Se balançant au ciel, sous le sombre nuage,
Rapide, insoucieux, fendant les champs de l'air,
Quand tout à coup atteint par un globe de fer,
Il part, vole éperdu, puis s'arrête, s'irrite,
Croyant fuir la douleur, il s'élance plus vite,
Mais en vain, jusqu'aux cieux, en vain il s'est enfui,
Le fer qui l'a blessé vole et fuit avec lui.

Tel on voyait Marmier traînant partout sa chaîne,
Sur son vaillant coursier s'élançant dans la plaine,
Précipitant ses pas, modérant son ardeur,
Sans trouver le repos que réclame son cœur.

Souvent depuis ce jour, quand venait la nuit sombre,
Dans les créneaux muets, on vit passer une ombre ;
C'était Rose de Ray, Rose voulant revoir
Le jeune cavalier qui la suivit un soir.

C'était Rose de Ray, cherchant sur la tourelle,
Au calme de la nuit la paix qui fuit loin d'elle,
Car elle, Rose aussi, Rose depuis ce jour,
A senti dans son cœur naître les feux d'amour.

Mais silence, tout dort, tout... Non, je vois paraître
Un long voile de lin, à l'étroite fenêtre.
Mollement agité par une blanche main,
Un pli mystérieux dans l'air vole soudain.

A l'honneur, à l'amour, si vous êtes fidèle,
Secourez, jeune preux, timide damoiselle,
          Espérez doux retour,
Si vous êtes fidèle à l'honneur, à l'amour.

A l'ivresse, Marmier abandonne son âme,
          Doux retour, ce mot l'enflamme !
          Palpitant de bonheur, d'espoir,
Tendrement il soupire : A demain, demain soir.
Demain, jeune imprudent, un indiscret t'écoute ;

Demain il aura dit sans doute
Tes projets insensés au cruel châtelain
Et Rose gémira captive dès demain.

Bien des fois au ciel bleu reparaîtra l'aurore
Avant que l'imprudent à celle qu'il adore
Puisse donner secours ;
Avant que sensible à leur peine,
Dieu d'hymen les enchaîne,
Bien des fois le soleil achèvera son cours.

Mais c'est en vain que le destin barbare
S'oppose à leurs projets, en vain on les sépare ;
Jeunes cœurs, de l'amour ils ont suivi les lois,
Bientôt l'amour jaloux aura repris ses droits.

Au pied du vieux donjon, une échelle se dresse.
« Blonde Rose descends, le temps s'envole et presse ;
Tout seconde nos vœux, et l'amour et la nuit.
Partons, Rose, ma belle,
Partons, partons sans bruit ;
D'amis une troupe fidèle,
Loin de ces lieux protégera nos pas.
Viens, Rose bien-aimée, oh viens ! ne tardons pas.
Le guetteur, aux créneaux, dort penché sur sa lance.
Fuyons, n'attendons pas le jour. »
Tout à coup, au sommet de la tour,
Une écharpe d'azur se balance,
C'est le signal d'amour.
Bientôt Rose paraît, sa timide paupière
Accuse de la nuit la douteuse lumière,
Son sein laisse échapper un douloureux soupir
Et sa bouche murmure : Hélas ! il faut partir.

La nuit, sur le castel, s'étend noire et profonde.
Le vent dans les arceaux, seul se promène et gronde.
Tout dort au vieux donjon, partez sans nul retard,
Plus qu'un instant encore et ce sera trop tard.

A ce cri de son cœur, la jeune châtelaine
Se penche sur l'abîme et retient son haleine,
Palpitante d'effroi, se livre au frêle appui,
N'a plus qu'un seul penser, c'est un penser pour lui,
Pour lui, le bien-aimé, que l'angoisse dévore.

Vaine frayeur,
Enfin Marmier a pressé sur son cœur
La beauté qu'il adore,
Ivre d'amour et de bonheur.

Dans des baisers de feu leurs bouches se confondent,
Aux longs baisers de longs baisers répondent.
Fuyez, jeunes amants,
Tandis que sur vous l'amour veille,
Peut-être en ce moment le guetteur se réveille ;
Plus qu'un baiser, il ne sera plus temps.

Qui peut les retenir ?
Craignant son amour et la fuite,
Rose un moment soupire, hésite,
Redoute de partir.
Et, cependant, le temps s'envole et presse,
Marmier accuse sa tristesse,
Blâme un dernier soupir.
Il l'entraînait ; c'est le dernier, dit-elle.
En quittant la tourelle,
J'ai senti mon cœur défaillir.

Prés du donjon, passant seulette,
Souvent, depuis ce jour,
En soupirant, la jeune bachelette
Dira tout bas : Voilà la tour d'amour.

Le dieu des cœurs, jeunes amants, vous guide,
Fuyez, tendres époux, sous sa puissante égide.
Le livre du destin apparaît à mes yeux ;
Pour moi, l'avenir se déroule :
Vos nœuds feront pousser des rejetons en foule,
Dignes de leurs aïeux.

Celui-ci de Thémis, représentant auguste,
De la science des lois n'ignorant nul secret,
Verra joindre à son nom le nom plus beau de juste
Et de la Vérité dictera les arrêts.
Celui-là dans les camps brillant par sa vaillance
Et s'ouvrant un chemin jusques aux premiers rangs,
Prodiguera son sang pour son roi, pour la France,
Et saura conquérir les honneurs les plus grands.

Mais apparaît Philippe ; à sa noble origine,
    A son vieil écu de baron
Illustré tant de fois, aux champs de Palestine
    Il ajoute encore un fleuron.

Salut au premier duc ; que la France en alarmes,
Repousse l'étranger de ses foyers sacrés,
    Ou bien qu'à ses fils égarés
    Lutèce arrache en gémissant les armes.
    Au vent seront bientôt livrés
    Les plis de l'antique bannière,
    Qui porte les rayons dorés.
    Ou que la trompette guerrière,
De tous les cœurs français réveillant les échos,
    Fasse un appel à la sainte frontière,
    On la verra s'élancer la première.
    Comme jadis dans les plaines d'Argos.
    — Mais loin de nous cette mer de désastres,
Que la France bientôt couvrira de débris,
    Peut-être aux célestes lambris,
Se lèveront encor pour elle d'autres astres ?
    En effet, déjà luit le jour
    Moins orageux et moins chargé de larmes,
Qui doit faire oublier le bruit strident des armes :
    La paix refleurit à son tour.

D'un énervant sommeil, du long repos qui glace,
Philippe a repoussé le charme tentateur,
Et les travaux de Mars bientôt cèdent leur place
    Aux travaux du législateur.

Digne héritier des vertus de sa mère,
Digne héritier des Marmier, des Choiseul,
Etienne eût été grand, noble comme son père,
La Mort, hélas trop tôt lui jette son linceul.

Mais ce n'est point ainsi que s'éteint et s'efface
Des Marmier le beau nom, leur mâle et forte race,
Leur souche vit encore et les rameaux nombreux
De ce roi des forêts, de ce tronc vigoureux
Faisant tête à l'effort destructeur des années,
Sauront bien accomplir leurs grandes destinées.

Entre eux tous est Rainal ; en lui je vois s'unir
La gloire du passé, l'espoir de l'avenir ;
Il est jeune, c'est vrai, mais qu'importe son âge,
Quand la froide raison devenant son partage,
De ses magiques feux éclairera ses yeux,
Il saura se montrer digne de ses aïeux.
Oui, tu sauras, Rainal, conserver leur mémoire,
Pratiquer les vertus qui fondèrent leur gloire
Et de trente Marmier firent des demi-dieux.

Jeune enfant songe bien, toi que le ciel protége,
Songe qu'autour de soi répandre le bonheur
Fut toujours le devoir d'un grand, d'un noble cœur.
    Du riche c'est le privilége.
Et quand la pauvreté, quand son hideux cortége
A l'œil cave et sans feu vers toi tendront leur main,
Tu sauras te montrer compatissant, humain,
Tu sauras, imitant tes aïeux qu'on révère
      Soulager leur misère,
      Sécher leurs pleurs.

Quel plaisir on éprouve à calmer des douleurs!
Vois au pied de l'autel, cette vierge qui prie,
C'est toi qui lui rendis une mère chérie,
    De tes bienfaits le souvenir
Remplit, émeut son cœur, je l'entends te bénir.

Et cet homme accablé du poids de la vieillesse,
    Vois à ton nom, comme son œil a lui.
C'est que tu conservas un fils à sa tendresse,
    A ses ans un appui.
Et quand viendra le jour où sous la terre humide,
Le vieillard chancelant, la vierge au front timide,
Se seront endormis du sommeil éternel,
Tes fils verront encore à ton nom qu'on vénère,
D'autres éclairs jaillir d'un œil octogénaire,
D'autres vierges prier aux marches de l'autel.

C'est que bravant du temps les atteintes, l'outrage,
Le souvenir du bien se garde d'âge en âge
    Dans les cœurs mieux que sur l'airain ;
C'est que pour conserver des bienfaits la mémoire
    Il n'est besoin des pages de l'histoire
    Ni de burin.

L'avenir est à toi, qu'à ta froide poussière,
Le pauvre dans mille ans fasse encor sa prière.
    Jeune Rāinal, médite mes leçons !
Tristes jouets du sort, songe que nous passons,
Recueillant après nous, quand se rompt notre chaîne
Vertueux, les regrets, pervers, méchants, la haine.

De tes aïeux, Rainal, garde le souvenir,
    Garde en ton cœur leur mémoire fidèle,
    La génération nouvelle
    Croît et grandit pour te bénir.

NOTES

---

(1) Cette femme lui fut au surplus enlevée par Rupin d'Antioche.

celèbre croisade ; y en aurait-il eu six, ou est-ce une confusion entre les noms de Odet et Eudes.

Page 40. Mais apparaît Philippe. Les Marmier portent de gueules au marmot d'argent. Philippe, aïeul de Rainal, marquis de Marmier, député pendant trente ans de la Haute-Saône, créé duc par le roi Louis-Philippe, colonel de la première légion de la garde nationale de Paris alors que l'émeute grondait chaque jour dans la rue.

On n'oubliera pas, en Franche-Comté, sa belle conduite en 1815, lorsqu'il alla s'enfermer dans Huningue, qu'allaient assiéger les alliés, avec un corps important d'infanterie, qu'il avait levé dans l'arrondissement de Gray et entretenait, officiers et soldats, de ses propres deniers. Ancien chambellan de l'empereur Napoléon Ier, M. Philippe de Marmier, par toutes ses brillantes qualités et les services qu'il a rendus à son pays, laissera un souvenir impérissable.

— 41. Etienne eut été, etc.; mort à Paris, sous le règne de Louis-Philippe, officier d'artillerie à vingt-quatre ou vingt-six ans, second fils de Philippe.

— 41. Digne héritier, etc. Des Choiseul, Madame Philippe de Marmier était fille du duc de Choiseul-Stainville, gouverneur du Louvre sous Louis XVIII et Charles X. Elle est morte dame d'honneur de la reine Marie-Amélie. Son souvenir se conservera comme celui de son mari.

LUTZELBOURG

ENTRE SARREBOURG ET SAVERNE

SUR LE CHEMIN DE FER ET LE CANAL DE LA MARNE AU RHIN

LUTZELBOURG

Que fais-tu là tout seul, sous le profond nuage,
Sinistre Lutzelbourg, sans archer et sans page,
Avec tes bastions rompus, démantelés,
Et tes longs pans de mur l'un sur l'autre écroulés ?

Semblable au chêne altier, qui s'incline vers l'herbe,
Victime des autans, par l'éclair fracassé,
Tu penches tristement ton front jadis superbe
Et tu songes sans doute à ton sombre passé.

A ton flanc dévasté l'étroite meurtrière
D'où sortait le long cou de tes noirs fauconneaux
Sous la ronce se perd et ta grande bannière
A cessé de flotter sur tes nobles créneaux.

Du vieux donjon qui surplombe et se fend
A disparu la vaste plate-forme,
Sur laquelle ton nain difforme
A la chute du jour embouchait l'olifant.

Plus de bruit à présent dans ta vieille muraille,
Plus de hardi traban veillant à son chevet ;
Plus que le frôlement du lézard, de l'orvet ;
Plus de hennissements des chevaux de bataille.

Du gazon d'autrefois l'ortie a pris la place,
Et le cri du hibou celle des chants joyeux.
De ta vieille splendeur, plus vestige, plus trace,
Le silence et la mort ont envahi ces lieux.

Le passant, aujourd'hui, sans crainte, à la nuit sombre
Peut franchir le rocher qui portait ton beffroi.
Celui dont tu tombais, comme un vautour dans l'ombre,
Sur le voyageur, pâle, éperdu, mort d'effroi.

Dans l'ombre, vieux baron ? Eh ! qu'importaient les
Le mystère des nuits, les discrètes étoiles,   [voiles,]
C'était ton bon plaisir, celui de tes amis.
De le trouver mauvais, qui donc se fût permis ?

Plus de grande bannière sur ta haute terrasse,
Plus de vaillant piqueur au sommet de ta tour ;
De l'âpre et dur accent de sa trompe de chasse,
De l'aube matinale annonçant le retour.

Plus de bruit à présent des pesantes armures,
Plus de pages galants, de gentils damoisels,
Plus de propos d'amour et de tendres murmures,
Plus de tournois, de carrousels.

Et maintenant tout seul sous le profond nuage,
Sinistre Lutzelbourg, sur ton roc crevassé,
Tu rêves tristement sans archer et sans page,
Aux jours de ta splendeur, à ton sombre passé.

A ce crampon rouillé, sans doute s'accrochait
Ta lance de combat ou ta solide armure,
D'un poli si parfait, d'une trempe si dure,
Qu'à vouloir l'entamer le damas s'ébréchait ?

A cet autre pendait ta redoutable hache,
Ou ton glaive à deux mains, ton grand casque à ci-
Tes gantelets de fer et l'immense rondache   [mier]
Qui reflétait si bien les flammes du foyer.

Que sont-ils devenus les varlets et les gardes
Qui faisaient retentir tes voûtes en marchant.
Que sont-ils devenus, les menestrels, les bardes,
Qui, le soir, au logis, t'égayaient de leur chant?

Ils sont bien loin les jours où tes immenses salles,
Aux grands âtres flambant comme un foyer d'enfer,
De fêtes s'animaient, où leurs sonores dalles,
    Grinçaient sous vos talons de fer !

Ah ! quand tu revenais de tes courses lointaines,
Quels transports au manoir, comme ils coulaient à flots
Le vin et l'hypocras, du flanc des larges brocs,
Qui, sur les vieux bahuts s'alignaient par centaines.

A présent, plus d'archers, de varlets et de gardes,
Qui, tout bardés de fer, te suivaient aux combats.
    Varlets, archers, pages et bardes,
L'impitoyable temps, hélas ! a tout mis bas.

Plus de grands lévriers de vieille et forte race,
Qui mettaient en une heure un dix-cors aux abois,
Si légers qu'à grand peine ils imprimaient leur trace
Sur le sable mouvant ou la neige des bois.

Tu ne les verras plus, de leur noble maîtresse,
De leur museau pointu flairant la blanche main,
    Solliciter une caresse.
Tu ne les verras plus, ni ce soir, ni demain.

Tu ne la verras plus au rempart accoudée,
La dame de céans, attendant ton retour,
Ou peut-être en secret, d'un gentil troubadour
    La visite attardée.

Ah ! combien j'aimerais pourtant la voir encor
Solitaire, brodant, la belle châtelaine,
Pour son page chéri le frais surcot de laine
Pour son féal époux l'écharpe aux franges d'or.

Que j'aimerais la voir au flanc de la montagne
Béret coquet au front, au corps léger pourpoint,
Pourchassant le ramier à travers la campagne,
    Son faucon sur le poing.

Mais à présent tout seul sous le profond nuage,
Sinistre Lutzelbourg, sur ton roc crevassé,
Tu rêves tristement, sans archer et sans page,
Aux jours de ta grandeur, à ton sombre passé.

Peut-être ton regard cherche-t-il dans la plaine,
Du sommet ébranlé de ton croulant beffroi
S'il verra chevauchant la jeune châtelaine
        Sur son blanc palefroi.

Ou s'il verra venir de nobles damoiselles
De vaillants chevaliers par leurs pages suivis,
Pour qui sonnait le cor du haut de tes tourelles,
Devant qui s'abaissait ton grinçant pont-levis.

        Mais c'est en vain, sur tes croupes arides
Tu ne vois que la chèvre aux changeantes couleurs,
Broutant paisiblement tes myrtilles humides
        Et tes genêts en fleurs.

Ou la jeune bergère, en courte camisole,
        Les pieds chaussés d'un unique sabot,
Grimpant joyeusement la rampe qui t'isole
Pour aller dans tes bois façonner un fagot.

Ou ce chasseur félon, attentif, aux écoutes,
S'apprêtant à fouiller tes giboyeux guérets,
Marchant furtivement loin du bruit, loin des routes,
Pour prendre tes lapins dans ses perfides rets.

Ou ce jeune rôdeur, de courroux non moins digne,
Qui, sur ton clair ruisseau va promenant sa ligne,
Et se livre à la pêche, à ses émotions,
On dirait que chez lui les saines notions
Du juste et de l'injuste à jamais sont détruites,
Car il prend sans façon tes savoureuses truites.

De tes droits, vieux baron, tu n'as donc plus souci ?
Comment tolères-tu ce concert de ferrailles

Qu'on entend chaque jour dans tes vastes entrailles
Et qui trouble tes nuits, sans trève ni merci ?
Et ce monstre roulant, infernal assemblage
De fumée et de bruit, geignant et faisant rage,
Qui traverse ton flanc du matin jusqu'au soir,
Couvert de son panache opaque, infect et noir ?

Ne vois-tu pas aussi la limpide rivière
Qui te baignait jadis le pied de libres eaux,
Enchaînée... aujourd'hui bien loin de la clairière
Et portant des bateaux.

Pourquoi tolères-tu dans ton vallon tranquille
Les barbares accents de ce méchant saxhorn
Qui fait fuir le canard des rives de la Zorn,
Lui, qu'en musique, on dit cependant si facile.

Tous ces indignes bruits sont bien loin de valoir
Conviens-en, vieux baron, pourtant tu les endures,
Les accords émouvants des pesantes armures
S'entrechoquant jadis dans ton puissant manoir ;
Et les petits concerts des modestes chorales
Que tu permets ici ne valent pas les voix
De trois de tes grands cors, allant au fond des bois
Porter leurs mâles chants, leurs notes magistrales.

Il est vrai, tu n'as plus aujourd'hui, vieux baron,
Tes habiles archers si prompts à la bataille,
Ni ton grand sénéchal, ni ta forte muraille ;
Ton pied n'est plus chaussé du bruyant éperon,
Sous lequel tu courbais autrefois la canaille.

Comment donc s'étonner de ce que tes vassaux
Ne voyant plus dressée une bonne potence
Ouverts de bons cachots au pied de tes créneaux,
Usent à ton égard d'une telle insolence ?
Se permettent sur toi maints et maints quolibets,
T'abordent sans façon, le bonnet sur la tête,

Et disent fièrement : c'est fini des gibets !
On voit bien qu'il vieillit, le baron devient bête !
Ne nous traite-t-il pas de manants, de vassaux,
Et ne se plaint-il pas qu'on détourne ses eaux !
Il parle d'exercer l'échute, la main-morte...
C'était bon autrefois quand sa main était forte.
Mais le passé n'est plus ; ainsi donc sur les toits
Qu'il aille ou non crier qu'on usurpe ses droits,
Nous pouvons aujourd'hui n'en prendre qu'à notre aise,
Refuser la corvée et dévaster ses bois,
Que diable, on se souvient de son quatre-vingt-treize.

Ah ! si décidément affaibli par les ans,
Tu ne peux châtier l'outrecuidance insigne
De ces hardis faquins, de ces lâches croquants,
Envers eux montre-toi froid, impassible et digne.
Laisse-les sur ton compte à leur aise gloser ;
Que te font après tout leurs ignobles critiques !
Ça n'empêchera pas l'amant des temps antiques
De venir à tes pieds, souvent se reposer,
Loin du bruit des cités, de la foule importune,
Et là, de l'insipide et sot présent lassé,
D'évoquer en rêvant ton glorieux passé,
De compâtir toujours à ta noble infortune.

FIN.

TABLE DES MATIÈRES